LE GRAND BALLET DES EFFECTS DE LA NATVRE.

PRESENTE' AV ROY.

Qui doit eſtre danſé le Lundy 27. Decembre 1632. & les trois iours ſuiuans, à deux heures preciſément, au Ieu de Paume du petit Louure, au Mareſt du Temple.

A PARIS,
Chez IEAN MARTIN, ſur le Pont S. Michel, à l'Ancre double.

M. DC. XXXII.

PREFACE.

SI les Anciens ont appellé la Poësie vne Peinture parlante, & la Peinture vne Poësie muette ; A leur exemple nous pouuons appeller la Dance, & sur tout celle qui se pratique dans nos Ballets, vne Peinture mouuante, ou vne Poësie animee. Car comme la Poësie est vn vray tableau de nos passions, & la Peinture vn discours muet veritablement, mais capable neantmoins de resueiller tout ce qui tombe dans nostre imagination : Ainsi la Dance est vne Image viuante de nos actions, & vne expression artificielle de nos secrettes pensées.

Aussi est ce pour cela que la plus part des peuples du monde l'ont tousiours euë en telle eſtime, qu'ils l'ont introduite dans leurs plus ſacrez myſteres, & n'ont point feint de dire qu'il y auoit en elle quelque choſe de diuin. Iuſques-là meſme qu'ils ont creu qu'elle auoit pris ſon origine dés le commencement du monde, ſur le patron du mouuement des Cieux, & des Aſtres, dont le cours, l'ordre, & la conionction, ne ſont en effect que des dances meſurées, & parfaitement accordantes: Mais laiſſant à part tous les aduantages qu'elle remporte ſur les exercices les plus loüables, & d'ailleurs n'y ayant perſonne qui la puiſſe iuſtement blaſmer en ſa preſence, ſi ce n'eſt quelque eſprit barbare qui n'ait pas le gouſt des bonnes choſes; Ie diray qu'entre les plus honneſtes diuertiſſemens où les Rois, & les Princes ſe ſont touſiours pleus, il ny en a pas vn qui ne cede à celuy des Dances & des Ballets. Auſſi n'ont ils iamais eſpargné ny ſoins, ny veilles, ny peines, ny deſpences pour les faire eſclatter dans l'occaſion. De là ſont prouenuës tant de riches inuentions, tant de nouuelles machines, tant d'excellentes musiques, & tant de rares Poë-sies; Ce qui a esté tousiours accompagné de tant d'esclat, que si nous n'auions le courage assez bon, il ny a point de doute que tout cela seroit suffisant de nous esblouyr, & de nous oster l'esperance de mieux faire. Mais comme il ny a rien de si accomply, que le temps n'y puisse encore adiouster quelque nouuelle grace; Il faut aduoüer que les esprits de ce siecle apperçoiuent encore quelque chose au delà de la perfection que nos peres se sont imaginez; Et principallement dans ceste matiere, où il n'est question que de la gentillesse de l'esprit, & de l'agilité du corps, pour le contentemẽt des yeux, & le plaisir des oreilles. C'est pourquoy tant de bons esprits contribuent tous les iours à l'enuy tout ce qui depend de leur industrie & de leur art, pour paruenir enfin à ce but où nous aspirons. Mais entre tous ceux de qui le trauail est à estimer, ceste agreable trouppe composee de tant d'honnestes gens, & si experimentez dans leur profeßion, est infiniment recom-

mandable; En ce que ne conſiderant que bien peu ſes intereſts particuliers, ſon principal deſſein eſt de contenter le public, & de luy eſtre cõme ceſte agreable Panacée, qu'vn Ancien Poëte faict découler de la teſte d'Apollon, afin de guarir toutes les playes que la melancholie fait naiſtre dans les ames. Leur premier Ballet a eſté comme vn eſchantillon de la piece entiere. Les autres ſuiuans feront voir le reſte: mais certes auec tant de pompes, & de nouuelles decoratiõs de Theatre, tant de belles machines, tant d'airs, & de vers differens, tant de nouueaux pas, & de diuerſes poſtures, que l'on ne pourra ſans quelque ſorte d'iniuſtice leur refuſer de l'applaudiſſement. Que l'on n'eſtime pas que la flatterie me face parler de la ſorte. C'eſt vne verité que ie publie auec auſſi peu d'artifice & de fard, qu'ils apporterõt beaucoup d'ornemẽs pour faire paroiſtre leurs feintes, dont les effects ſurpaſſeront les promeſſes. Cependant s'il ſe trouue quelqu'vn qui ne puiſſe eſtre encore perſuadé, & qui ſoit préuenu d'vne creance contraire, qu'il approche seulement, & qu'il voye. Ie m'asseure qu'il changera bien tost d'esprit, & de pensee, ainsi qu'vn Philosophe disoit de ceux qui entroient dans les temples, qui voyoient les images des Dieux, ou qui entendoient la voix des Oracles.

SVIET DV GRAND BALLET DES EFFECTS DE LA NATVRE.

CE Superbe & magnifique BALLET eſt vne ſuitte continuë des effets que la Nature fait voir en la naiſſance de l'homme. Et pour ce que ce ſujet n'eſt pas de ceux qui ſont tirez du ſein des fables, ou des miſteres de l'Antiquité, il porte luy-meſme ſa Moralité, & ſon allegorie. C'eſt pourquoy il ſuffit d'en marquer icy les diuerſes entrées, afin d'en donner vne parfaicte intelligence.

D'autant que les choſes qui ſurprennent, touchent plus puiſſamment les ſens, on s'eſt aduiſé de cacher la face du Theatre de telle façon, que ny du Parterre, ny de l'Amphitheatre, ny meſme des Galleries, on ne pourra voir la Scene deuant que de commencer le BALLET. A cét effect il y aura vne grande toile qui s'eſtendra au deuant, & prenant depuis le haut du plancher iuſques à terre, tiendra tous les aſſiſtans dans vn impatiét deſir de voir ce qu'elle cachera. L'heure eſtant venuë de l'abbatre, elle diſparoiſtra incontinent, & deſcouurira vne Scene tout à fait Comique; Ce ſera vne ſalle à faire Nopces, reueſtuë de tapiſſeries, eſclattante de flambeaux & de lumieres, & parée de tous les autres ornemens requis en ſemblable occaſion. Mais tandis que chacun repaiſtra ſes yeux de la beauté de cét object, la Nature paroiſtra tout à coup, & s'adreſſant aux Dames comme à ſes plus beaux ouurages, chantera ces vers ſuiuans auec vne grace qui luy ſera ſi naturelle, que chacun aura ſujet d'aduoüer qu'en toutes choſes la Nature eſt meilleure que l'Art.

RECIT DE LA NATVRE.

AVX DAMES.

ASTres brillans de cette Cour,
Dont l'eſclat offuſque le iour
Que ie tire du ſein de l'onde;
que vos attraits me ſemblent doux!
Et que l'on auroit eu peu de plaiſir au monde
S'il eut eſté ſans vous!

Auſſi vous forcez les Mortels
D'ériger par tout des Autels
A vos graces incomparables;
Et les Dieux meſmes ſe croiroient
Indignes du pouuoir qui les rend adorables,
S'ils ne vous adoroient.

C'est par moy que vous esclattez
Dedans ces aimables beautez
Que les hommes n'ont qu'en peinture;
Et tout l'honneur qu'on vous depart
Est plutost vn effect des dons de la Nature,
Que des graces de l'Art.

Entrée. Comme elle se sera retirée, vn vendeur de Houssoirs viendra faire son entrée en cadance. A sa rencontre viendront deux Seruantes, lesquelles apres auoir marchandé & achepté de houssoirs se mettront en deuoir de balier la Salle, & d'en oster les araignées. Celles-cy seront suiuies de deux Sergés, tenans chacun vne halebarde en main, qui s'empareront de la porte pour empescher le desordre & la confusion, & repousser ceux voudroient entrer sans estre conuiez. Cela fait paroistrót deux Cuisiniers sans pourpoint, le bonnet en teste enuironné d'vne queuë de regnard: ils seront chargez de toutes sor-

Entrée.

Entrée.

Entrée.

tes d'vſtancilles de Cuiſine, comme de broches, de landiers, de bouteilles, & de toutes les autres choſes neceſſaires; Et en cét equipage faiſant vn tour dás la Salle, danſeront ſur vn air aſſez folaſtre. Ce Recit ſera conceu en ſes termes.

RECIT DV MARIE' ET DE LA MARIEE.

O Que d'Amour la fleſche eſt douce!
Que tous ſes effets ſont charmans!
Il rid aux fidelles Amans
Deſſus le point qu'õ croid qu'il ſe courouce;
Il a, tout Dieu qu'il eſt, des ſentimẽs humains,
Et dés qu'il ioint nos cœurs il veut ioindre nos mains.

Apres tant de peines paſſées,
Il eſt venu tarir nos pleurs;
Si nous allons cueillir des fleurs,

Ce ne sont plus ny soucis, ny pensees:
Mais bien les fleurs qu'Hymen empesche de vieillir,
Et que dans ses vergers on a droit de cueillir.

Dans ce bon-heur qu'il nous octroye
Monstrons nous si gays aujourd'huy,
Que comme nous mourions d'ennuy,
Vous nous voyiez biẽ tost mourir de ioye:
Mais, ô douces faueurs, où nous pensions le moins!
Les mysteres d'Amour veulent peu de tesmoins.

C'est en secret qu'il nous martyre
Et qu'il nous fait desesperer;
Lassé de nous voir endurer
C'est en secret aussi qu'il nous fait rire,
Nous offrant tout le bien que l'on peut souhaiter,
Bien qu'on a peine à dire, & plaisir à gouster.

Cela fait, apres que le Marié & la

Mariée auront enuoyé deuant eux leur recit, où ils expriment le contentement extréme qu'ils reçoiuent d'vne ſi heureuſe & ſi parfaite vnion, ils paroiſtrôt ſur le Theatre richement habillez, & feront bien voir à leur contenance que c'eſt pour eux que ſe fait toute ceſte feſte.

Les parens du Marié & de la Mariée les ſuiuront de prés, & danſeront auec pluſieurs differentes figures ſur vn autre air fort gay, & du tout conuenable à leur commune allegreſſe. Mais comme la diuerſité des objects eſt ce qui charme le plus les ſens, pour reſiouïr d'autant plus la compagnie, paroiſtra ſur la Scene vn fol de village ou batteur de ſonnettes, lequel veſtu de gris, de jaune & de vert, le capuchon ſur la teſte de meſme couleur, & la marotte en main, danſera ſur vn air auſſi bouffon que ſes deſmarches ſeront extrauagantes. Ce ſera vn plaiſir de le voir al- *Entrée.*

ler au deuant des parens pour les inuiter les vns apres les autres de venir faire leurs dons, qu'ils presenteront, les vns auec grauité, & les autres follastrement selon leur aage & leur condition, le tout au son d'vne Musique de hauts-bois aussi douce qu'elle sera differente. En suitte dequoy on couchera la Mariée, où toutes les ruses & les galanteries que l'on a de coustume de pratiquer en semblables rencontres ne seront point oubliees. Pendant céla on oyra vn concert de flutes, qui feront aduoüer à l'assistãce que toutes les merueilles que les Histoires rapportent de cét ancien joüeur de flutes Ismenias, ne sont rien que l'ombre de ce qu'ils entendront. Ceste melodie sera suiuie d'vne Serenade, composee de toutes sortes d'instrumens de Musique, dont les accords rendront vn si agreable resonnement, que l'on n'a iamais rien oüy de plus delicieux. Apres cela comme si

Entrée.

la

la nuict s'estoit déja escoulée, on verra paroistre sur le Theatre quatre Valets de fest qui porteront le broüet. Le grand soin qu'ils auront de ne rien respandre, ne leur fera pourtant oublier vn seul de leurs pas. Et apres qu'ils auront fait quantité de singeries & de postures bouffonnes, ils disparoistront pour faire place à la nouuelle Mariée, de qui le ventre enflé fera bien paroistre qu'elle n'aura pas couché toute seule, & que sa terre aura esté si bien cultiuée qu'elle produira bientost les premiers fruicts de son mariage. *Entrée.* *Entrée.*

Iusques icy on n'aura veu que des choses cómunes, qui pourtant auront esté non communément representées. Mais d'oresnauant, comme si par quelque puissance extraordinaire, les spectateurs auoient esté transportez de la terre au Ciel, ils seront tous esbahis qu'ils ne verront plus rien paroistre deuant leurs yeux que des Diuinitez. Ce seront les sept Planettes, lesquelles faisant la meilleure partie des effets de la Nature, se presenteront pour verser leurs influences sur cet Enfant de qui la naissance est attenduë de tous auec vne impatience extréme. A cet effet, la Scene se changera icy tout à coup. Et au lieu d'vn sejour agreable qu'elle estoit, ce ne sera plus qu'vn desert plein d'horreur & d'effroy. On ne verra plus là que des mótagnes couuertes de neiges, que des rochers affreux, & que des fleuues de glace, dont l'aspect sera capable de faire transir de froid les plus eschauffez. A mesme temps on verra paroistre vne grosse nuée, du milieu de laquelle Saturne sortira tout couuert de glaçons & de neiges, & tout enuironné de bruines & de frimas. En cet equipage il recitera ces vers en faueur des Esprits melancoliques sur lesquels il preside.

RECIT DE SATVRNE.

En faueur des Melancoliques.

QVoy que ceux-cy viuent à l'ombre,
Et monstrent vn visage sombre,
Leur cœur est toutesfois incapable d'ennuy:
I'aiguise si bien leurs caprices,
Que dans leur entretien ils trouuent des delices,
Ainsi que du dégoust dans l'entretien d'autruy.

C'est d'eux que naissent les Prophetes,
Les Philosophes, les Poëtes,
Dont le corps est sur terre, & l'esprit dans les
En effet à quoy que s'applique (Cieux;
L'hõme en qui ie respans l'humeur melancolique,
Autant qu'il est pensif il est ingenieux.

Ainsi pour espurer les Ames
Ma froideur vaut mieux que les flâmes
Qu'inspirent à l'enuy les autres Immortels.
O fleur d'eternelle durée
FRANCE, veux tu joüir de ma saison dorée,
Aux Esprits releuez esleue des Autels.

Apres que Saturne ſe ſera retiré, pa-
Entrée. roiſtront quatre petits Saturniques,
qui ſeront quatre petits Garçons mor-
fondus tous couuerts de peaux & de
bonnets fourrez. Ils feront tout ce
qu'il leur ſera poſſible pour ſ'eſchauf-
fer dans la danſe, où leurs tours de ſou-
pleſſe les rendront admirables.

Ceux-cy n'auront pas ſi toſt danſé
que cette affreuſe peinture de l'Hyuer
Entrée. s'éuanoüira tout à coup à l'arriuée
de Iupiter, lequel tirant apres luy la
haute montagne d'Ætna toute enflã-
mée, fondra ces glaces, & fera paroiſtre
toute la Scene en feu. Du ſein de cette
Entrée. montagne ſortiront quatre Colles ou
Siciliens, de qui les pantalonades ſe-
roient fort agreables à raconter ſi elles
n'eſtoient beaucoup plus plaiſantes à
voir. Ces quatre Siciliens ſ'eſtant re-
Entrée. tirez, Mars ſ'auancera ſur la Scene, plus
eſchauffé de colere que du feu dont il
Entrée. ſera enuironné. Il ſera ſuiuy de quatre

Guerriers armez de toutes pieces, qui eſprouueront leurs forces les vns contre les autres, & feront en cadance vne infinité de beaux faits d'armes. Apres qu'ils ſe ſeront laſſez dans ce combat, d'où chacun ſortira victorieux, en ce que pas vn d'eux n'aura eſté vaincu, ils s'eſcarteront pour faire place au Soleil, *Entree.* de qui les rayons jetteront beaucoup plus d'eſclat que les feux du Montgibel. Il ſera accompagné de quatre Neigres *Entree.* qui en danſant luy rendront de ſemblables honneurs que les Perſes ont accouſtumé de rédre à ce bel Aſtre lorſqu'il eſt au poinct de ſon Orient.

Le Soleil & ces Neigres n'auront pas ſi toſt danſé qu'ils ſe retireront au lieu d'où ils ſeront partis. Et à meſme téps, ſans que les ſpectateurs ſ'en apperçoiuent, la Scene chãgera encore de face; le tout en faueur de l'arriuée de cette belle & amoureuſe Planette qui porte le *Entree.* nom de Venus. Elle ſera ſuiuie d'vne

Entree. troupe d'Amãs, dõt les vns sous diuerses figures montreront les faueurs de leurs Maistresses, & les autres feront paroistre le iuste sujet qu'ils ont de se plaindre de leurs disgraces. Iamais les vergers de Paphos ny d'Erice, ny les Palais d'Apollidon ne furẽt si beaux ny si charmans que la Scene paroistra lors. Ce ne seront que ruisseaux de crystal, que sources viues, que concerts d'vne infinité d'oiseaux, & que prairies tapissées de toutes sortes de fleurs. Ce ne seront que petits bois de myrthes chargez de carquois & de flesches, & tous semez de chiffres, de deuises, & de trophées d'Amour. Ce ne seront que vallons & que collines, dont l'air eschauffé des flâmes de cet aimable Tyran de nos cœurs, fera respirer des douceurs infinies. *Entree.* Mercure paroistra en suitte, accompagné de diuerses personnes actiues, & soigneuses de leur profit. *Entree.* Là paroistront quelques Procureurs, qui danſeront, l'eſcritoire au coſté, tenant la plume d'vne main, & des papiers de l'autre. Ce qu'ils feront veritablement de ſi bonne grace, & auec tant d'agilité, qu'ils ſeront eux-meſmes eſtónez, de ce que contre l'ordinaire on regardera pluſtoſt à leurs pieds qu'à leurs mains.

Apres qu'ils ſe ſeront retirez, laiſſant à toute l'aſſiſtance vn grand deſir d'eux, la Lune deſcendra du Ciel en terre, & chantera ces paroles, en l'honneur du Roy, & de la Reine.

RECIT DE LA LVNE.

QVelle puiſſance nompareille
M'a fait abandonner les Cieux?
Qui m'a conduite dans ces lieux
Où iamais la Nuict ne ſommeille?
Ce ſont des charmes inoüis
*Qui naiſſent des yeux d'*ANNE*, ou des mains de*
LOVÏS.

Quoy que l'vn ou l'autre desire,
Chacun d'eux en est possesseur;
Et tout par force, ou par douceur
Vient reconnoistre leur empire.
Mais Dieux, que voicy d'appareils!
La Lune peut elle estre où luisent deux Soleils?

Si quelque chose m'importune
Dans l'heureux estat où ie suis,
C'est que ces fous que ie conduis
Ont plus de lunes que la Lune.
Que dis-je, ils cessent d'estre fous, *(vous.*
Puis qu'ils cherchent l'honneur de viure aupres de

Ce recit estant acheué, la Lune prendra plaisir de voir les diuerses postures d'vn grand nombre d'hommes lunatiques, ou estropiez de ceruelle qui la suiuront. Et là on verra vne bouffonnerie qui n'eut iamais rien de pareil, si peut-estre ce n'est le grand Ballet; auquel pour conclusion tous les danseurs s'vniront ensemble à l'heure m..sme, & feront voir dans leurs differentes figures, que l'art de plaire & de rauir eſt vne qualité tout à fait inſeparable de cette agreable compagnie.

Tout ce que ie viens de repreſenter, n'eſt que la premiere partie du grand Ballet des Effets de la Nature. La ſeconde partie duquel ne ſe danſera que la ſepmaine ſuiuante, & aura pour tiltre, le Ballet des cinq ſens de Nature; où l'on verra ſans doute des ornemens & des beautez qu'à peine pourroit-on rencontrer ailleurs.

Av reſte le Lecteur ſera aduerty, qu'ayant pris la charge de faire ce diſcours, ie n'ay eu du temps pour le cópoſer qu'autant qu'il en a fallu pour eſcrire, & qu'il eut paru auec plus d'ornement, ſi i'euſſe eu plus de loiſir. Pour ce qui eſt des vers, d'autant que i'ay eu vn peu plus de temps, i'ay taſché d'y ioindre encore quelque autre grace à celle de la promptitude. Au pis aller i'espere de le satisfaire dauantage dans la seconde partie de ce Ballet, où ie m'efforceray de produire quelque chose qui sera plus digne de son entretien, & de mes pensées.

FIN.

VERS

POVR QVELQVES ENTREES PARTICVLIERES.

Pour vne Seruante.

C'EST à ce coup qu'il faut se retrousser la manche,
Et nettoyer par tout comme ce bon valet;
Mais sans rien desguiser, si i'aime ce Balet
C'est à cause du manche.

Pour vn Sergent.

I'incague ces braues Guerriers
Qui ne parlent que de conquestes,
Ie fay littiere des Lauriers
Dont ils enuironnent leurs testes;

Et les plus chauds d'entre eux demeurent les plus
Au bruit de mes exploits. (froids

Pour les Hallebardiers.

Courage compagnons, tenons nous sur nos gardes,
Le Bourgeois veut, dit on, nous prēdre au dépourueu;
Mais il verra bien tost ce qu'il n'a iamais veu,
Lorsqu'il verra sur luy pleuuoir des hallebardes.

Pour vn Cuisinier.

I'ay beau faire des vœux, pas vn ne les exauce;
Si FLORICE *vouloit m'obliger vn petit,*
Ie luy ferois gouster d'vne si bonne sauce,
Qu'elle en demeureroit dessus son appetit.

Pour la Mere de la Mariée.

Tu pleures vainement, que veux tu que i'y face?
C'est vn petit assault qu'il te faut soustenir:
Si ie mens, que le mal duquel ie te menace
Me puisse maintenant à moy mesme aduenir.

Pour Mars.

Chacun me craint comme vn tonnerre
Dés-que mon visage paresť;
Et dans toute sorte de guerre
I'ay tousiours la lance en arresť.

Pour les Guerriers.

Voila que c'esť de suiure vn qui vit de rapine,
Il nous à vollé tout horsmis la bonne mine;
Mars, quel affront pour toy si ta belle Venus
Nous rencontre tous nus.

Pour le Soleil. Aux Dames.

Que de feux, & de traits accōpagnent vos yeux!
Ils ont trop d'aduantage à me faire la guerre;
On ne void qu'vn Soleil qui brille dans les Cieux,
Mais i'en vois esclatter mille dessus la terre.

Pour vn Neigre. A sa Maistresse.

Si cette couleur que ie porte
Esť aussi sombre qu'vn cercueil;
C'esť que mon corps porte le dueil
De ce que ma franchise esť morte.

Pour Mercure.

Enfin ie suis vaincu, cette ardante blessure
Tarit mon eloquence, & m'impose la loy:
Et quoy que Dieu des fins on m'appelle Mercure,
Amour est vn Démon beaucoup plus fin que moy.

Pour les Lunatiques.

Pour se mocquer de nous, en est-on plus honneste?
La Folie est vn mal dont chacun se ressent;
Il est vray, nous portons la Lune dans la teste,
Mais c'est pour en donner aux autres le Croissant.

Pour vn Procureur.

Ie me plais dans le sac & dedans la chicane
Plus que dedans les eaux ne se plaist vne cane;
Si ie suis vn Docteur ce n'est pas de la Loy;
Il suffit que i'entens les poincts de la Coustume,
Et que n'estant pourueu que d'vne seule Plume
Il n'est pas vn Oyseau qui vole mieux que moy.

COLLETET.

L'ORDRE DES ENTREES
du present Ballet.

Recit de la Nature.

Entrée d'vn vendeur de houssoirs.
Deux Seruantes.
Deux Archers.
Deux Cuisiniers.

Recit pour la Mariée.

Le Marié & la Mariée.
Le pere & la mere.
Les parens.
Les Bourgeois.
Le Batteur de sonnettes.
Les presens.
On couche la mariee.
Les Serenades.
Le broüet.

Commencement des sept Planettes.

Recit de Saturne.

1. Saturne.
Les Saturniques.
2. Iupiter.
Le Mont-Gibel.
Les Siciliens, ou Colles.
3. Mars.
Les Guerriers.
4. Le Soleil.
Les Negres.
5. Venus.
Les Amoureux.
6. Mercure.
Les Procureurs.
7. La Lune.
Les Lunatiques.

Recit de la Lune.

Boufonnerie pour les petits.
Grande boufonnerie.

SVIVANT & conformément au Breuet donné par le Roy à Horace Morel, Commissaire general de ses feux d'artifice, en datté du 17. de May 1631. signé LOVIS, & plus bas DE LOMENIE; Et depuis verifié par Monsieur le Lieutenant Ciuil, & du consentement de Monsieur le Procureur du Roy, en datte du 8. Nouembre 1632. au pied d'vne requeste presentée par ledit Morel; Luy & ses Associez en la conduitte des Ballets qu'ils doiuent representer publiquement, en vertu dudit Breuet qu'il en a de sa Majesté, & verification d'iceluy; ont choisi sous le bon plaisir de sadite Majesté, & de Monsieur le Lieutenant Ciuil, Pierre Rocolet, Pierre Chenault, & Iean Martin, pour imprimer, vendre, & distribuer tout ce qui concernera generalement lesdits Ballets. Promettant de les proteger enuers & contre tous, & faire saisir toutes autres copies qui se trouueroient faites par autres que les susdits Libraires & Imprimeurs, comme il est plus amplement porté par l'accord fait entre lesdits Morel & ses associez, & lesdits Rocolet & consors, le [illegible] iour de Decembre, mil six cens trente deux.

www.ingramcontent.com/pod-product-compliance
Ingram Content Group UK Ltd.
Pitfield, Milton Keynes, MK11 3LW, UK
UKHW020223180726
13838UKWH00005B/2147

9 782329 419732